AF459089

MÉMOIRE

AU MINISTRE

DE LA MARINE ET DES COLONIES,

ET A LA COMMISSION

DE LÉGISLATION COLONIALE.

13759

MÉMOIRE

AU MINISTRE

DE LA MARINE ET DES COLONIES,

ET A LA COMMISSION

DE LÉGISLATION COLONIALE,

SUR LES AMÉLIORATIONS LÉGISLATIVES ET ORGANIQUES A APPORTER AU RÉGIME DES COLONIES FRANÇAISES.

PARIS,
AUGUSTE MIE, IMPRIMEUR,
RUE JOQUELET, N° 9.

1831

MÉMOIRE

AU MINISTRE DE LA MARINE ET DES COLONIES, ET A LA COMMISSION DE LÉGISLATION COLONIALE,

SUR LES AMÉLIORATIONS LÉGISLATIVES ET ORGANIQUES A APPORTER AU RÉGIME DES COLONIES FRANÇAISES.

Chaque homme doit au bien général, c'est-à-dire à la société, le tribut de son intelligence ; cette dette devient sacrée lorsqu'il s'agit de soustraire les états au caprice de l'arbitraire, au vague d'une législation toute d'ordonnances ou d'arrêtés auxquels les circonstances bien plus que les principes de droit public ont donné lieu ; c'est pénétré de cette vérité, dont les malheurs et l'abrutissement qui pèsent sur mon pays ont fait pour moi un dogme vénéré, que je crois enfin arrivé le moment d'élever la voix et de faire entendre quelques conseils dans le sein de la commission chargée d'émanciper nos colonies en leur donnant un code civil et politique désormais obligatoire pour les gouvernans aussi bien que pour les gouvernés.

1

Long-temps victime du système qui régit encore aujourd'hui nos Antilles, j'ai dû plus que tout autre m'attacher à étudier le meilleur moyen d'améliorer leur position, de les mettre en harmonie tant avec les besoins, les vœux des populations de couleur, qu'en rapport avec les lois de la métropole. C'est donc le résultat de mes observations, de mes recherches dans une spécialité si attachante pour un bon citoyen, que je soumets à la sagesse de ceux appelés à préparer cet important travail. Je parle sans préjugés, sans haine ni souvenir de parti, je n'ai que la vérité et le bien de mes semblables pour but ; aussi j'écris sans art comme je parle sans crainte : mon espoir est d'être entendu, et cet espoir ne saurait être déçu, car je m'adresse à des hommes qui veulent aussi le bien possible et très faisable de leurs semblables.

Je me propose de suivre pour l'ordre de mon travail celui qui est adopté dans la classification des institutions coloniales. J'exposerai l'organisation actuelle de chacune d'elles, et en regard celle qu'il est juste de leur donner, soit en adoptant les idées de l'assemblée nationale sur le même objet, soit en conservant les dispositions les plus sages déjà en vigueur aux colonies, soit en appliquant telle disposition de nos lois municipale, électorale ou de la garde nationale qui me paraîtra le plus propre à atteindre mon but. Je terminerai ce travail général par des considérations sur la situation des esclaves aux Antilles françaises.

FORMES DU GOUVERNEMENT.

Le commandement général et la haute administration de chaque colonie sont confiés à un gouverneur.

Sous ses ordres, trois chefs d'administration, savoir : un ordonnateur, un directeur général de l'intérieur, et un procureur général du roi, dirigent les différentes parties du service.

Un conseil privé, placé près du gouverneur, éclaire ses décisions, ou participe à ses actes, dans les cas déterminés.

Un conseil général donne annuellement son avis sur les budjets et les comptes des recettes et des dépenses coloniales et municipales, et fait connaître les vœux et les besoins de la colonie.

Chacune des branches du gouvernement colonial devant être l'objet de mes observations, je serai fidèle à l'engagement que j'ai pris d'examiner avec soin ce qu'il convient de faire ou de conserver pour arriver à une réforme définitive aux colonies.

POUVOIR EXÉCUTIF.

DU GOUVERNEUR. — SES POUVOIRS MILITAIRES ET ADMINISTRATIFS.

« Le gouverneur est le dépositaire de l'autorité « du roi dans les colonies, et ses pouvoirs sont « réglés par les ordonnances. »

Cet état de choses doit cesser ; il faut franchement l'exécution de la charte de 1830, qui dit que les colonies seront régies par des lois.

En principe des pouvoirs très étendus doivent être accordés au gouverneur de nos colonies, qui, par leur éloignement de la France, ne représentent pas au gouvernement métropolitain assez de moyens de répression ou de secours dans des cas extraordinaires ; mais ces pouvoirs ne doivent s'étendre que sur les institutions établies, à établir, ou à diriger, sans cependant sortir assez du droit commun, pour laisser au caprice, aux passions, à la faiblesse d'un seul homme, la liberté, la vie, la fortune, l'honneur et l'état des particuliers.

Malheureusement, en traçant les pouvoirs accordés au gouverneur, on a confondu avec trop de minuties les intérêts individuels dans les intérêts généraux, pour ne pas croire que l'intention des rédacteurs des ordonnances organiques, n'ait pas été de confier une autorité absolue au représentant du gouvernement français aux colonies. Si de cet état de choses il n'était résulté aucun acte arbitraire, on pourrait accuser mon esprit d'être trop ombrageux ; mais j'ai de trop funestes exemples à citer à l'appui de mes raisons, et je n'hésiterais pas à les invoquer, si l'analyse que je vais faire de ces mêmes pouvoirs du gouverneur, ne démontrait l'impérieuse nécessité d'en diviser la nature en deux parties ; la partie publique et la partie privée ou commune. Qu'il soit seul juge des mesures à prendre en cas d'urgence, de défense ou de secours des colonies, je le conçois, mais que dans le second cas, il soit obligé de respecter les droits inhérens à la qualité de citoyen, c'est ce que je ne cesserai de demander.

« Le gouverneur ordonne tout ce qui est relatif « à la levée et à l'organisation des milices de la co-« lonie. »

Je reconnais qu'il est juste, dans l'état actuel de nos colonies, d'investir de ce droit le gouverneur qui représente le gouvernement français.

« Il forme et convoque les conseils de guerre ; « les miliciens en sont justiciables pour faits rela-« tifs à leurs services. »

Les conseils de guerre n'étant pas corps délibérant, ne peuvent avec raison se réunir sans ordre supérieur et que pour une spécialité donnée ; mais est-il juste et conforme à l'unité légale de livrer à la justice de ces tribunaux les miliciens coupables de faits relatifs au service militaire ? Les miliciens sont aux colonies, ce que sont en France les gardes nationaux, et quand on vient de soustraire ceux-ci à la juridiction militaire, et de les renvoyer devant les tribunaux réguliers pour infraction aux réglemens de discipline, la commission ne reconnaîtra-t-elle pas qu'il faut apporter la même modification, ou plutôt proclamer et introduire aux colonies ce grand principe d'unité et d'égalité judiciaire.

« Il donne, en se conformant aux règles éta-
« blies dans les colonies, les permissions pour
« l'affranchissement des esclaves, et délivre les
« titres de liberté ».

J'examinerai cet article au chapitre du *conseil privé*.

« Il surveille l'usage de la presse, commissionne
« les imprimeurs, donne les autorisations de pu-
« blier les journaux et les révoque en cas d'abus.
« Aucun écrit, autre que les jugemens, arrêts et
« actes publiés par autorité de justice, ne peut
« être imprimé dans la colonie sans sa permis-
« sion ».

Que le gouverneur *surveille l'usage de la presse*, on le concevrait, s'il y avait une législation répressive ; mais comme celle-ci n'existe pas aux colonies, où la liberté de la presse est inconnue, cette phrase est surabondante.

En lui donnant le droit de *commissionner les imprimeurs*, d'autoriser ou révoquer la publication de journaux, c'est laisser à un seul homme le pouvoir de porter atteinte au droit sacré de propriété et de liberté industrielle. Je reconnais qu'aux colonies, ainsi qu'en France, il a fallu des lois spéciales pour l'imprimerie et les journaux, mais je conteste que le caprice d'un fonctionnaire public puisse tenir lieu de lois sur la matière. La faculté d'obtenir un brevet d'imprimeur devrait être accordée à certaines conditions imposées à l'industriel, comme, par exemple, la capacité, la moralité et la garantie de fortune; le nombre d'imprimeurs pourrait être déterminé, mais la concession d'un brevet ne saurait, en aucun cas, être laissée à la volonté d'un gouverneur, car il exploiterait un monopole par une concurrence en-dehors des besoins de la population, ou il ruinerait les entreprises existantes. Le retrait de ces brevets, qui touche à la confiscation, ne devrait que rarement, et dans des cas donnés, être prononcé par les tribunaux ordinaires comme une pénalité.

Ce que je viens de dire sur les imprimeurs, s'applique aussi aux journaux. Les lois de la métropole sur cette matière donnent au gouvernement assez de moyens répressifs ; si cependant on jugeait que les colonies ne sont pas encore assez civilisées, ni assez anciennes dans l'usage de la liberté de la presse périodique, on pourrait sans nuire entièrement à cette industrie, et en se conformant à l'article 7 de la charte de 1830, sur l'abolition de la censure, concilier et les garanties du pouvoir colonial et les droits acquis aux citoyens.

Dans l'état actuel de nos colonies, conçoit-on qu'un accusé ou un avocat ne puisse faire imprimer un mémoire ou une défense sans le consentement du gouverneur, qui peut parfois se trouver partie intéressée d'une manière quelconque au procès ?

Toutes ces dispositions du pouvoir discrétionnaire laissé au gouverneur doivent être annullées ou modifiées, d'une manière large et libérale.

« Le gouverneur interdit et dissout les réu-
« nions ou assemblées qui peuvent troubler
« l'ordre public. »

Disposition qui n'est que l'application de l'article 291 du code pénal, exécuté en France contre l'opinion d'un grand nombre de criminalistes.

« Il s'oppose aux adresses collectives, quel-
« qu'en soit l'objet. »

Il faut rédigér cette disposition de manière

qu'elle ne soit pas un obstacle à l'exercice du droit sacré de pétition, sans quoi, par l'abus qu'on en fera, elle sera attentatoire aux droits de plainte ou de remontrances, et inutile, puisque ces adresses sont toujours envoyées à une autorité supérieure, qui doit en connaître et prononcer.

« Il réprime toute entreprise qui tend à affai-
« blir le respect dû aux dépositaires de l'auto-
« rité. »

Voici un principe d'arbitraire indéfini; cela veut-il dire que l'on sera tenu, comme c'était l'usage aux colonies, de saluer non seulement les hauts dépositaires de l'autorité, mais encore les blancs, comme commandans de paroisses?

« Le gouverneur statue en conseil sur l'auto-
« risation à donner pour la poursuite, dans la co-
« lonie, des agens du gouvernement, prévenus
« de crimes ou délits dans l'exercice de leurs fonc-
« tions. »

Le gouverneur et le conseil représentent aux colonies le conseil d'état en France, jugeant comme chambre de mise en accusation. Il serait bon de modifier cet article sur les principes qui vont régler incessamment les attributions du conseil d'état.

« Dans les circonstances graves, le gouverneur
« peut ordonner l'exclusion de la colonie contre
« les citoyens de condition libre. »

Arbitraire pur. Nul ne peut être distrait de ses juges naturels ; cette exclusion doit être demandée par le gouverneur, mais aux tribunaux ordinaires, qui seuls peuvent la prononcer, après avoir entendu le défendeur et son conseil, et comme conséquence d'une condamnation motivée sur un trouble apporté à l'ordre public, ainsi qu'on le voit en l'art. 382 du Code pénal.

« Il peut refuser aux individus le droit de tenir « des boutiques, échoppes ou cantines, à moins « qu'ils ne fournissent caution suffisante. »

Ce refus ne devrait avoir lieu, que si l'individu tenait un établissement contraire aux bonnes moeurs et à l'ordre public ; hors de là, chacun doit être libre dans son industrie, s'il paie patente et se conforme aux réglemens de voierie, d'ordre et de sécurité publique. La caution de fortune est arbitraire ; car, que peut-on consciencieusement exiger d'un malheureux qui souvent ne s'établit qu'en risquant tout le fruit de longues économies ?

« En matière criminelle, il ordonne en conseil « privé l'exécution de l'arrêt de condamnation, « ou prononce le sursis, lorsque le conseil dé- « cide qu'il y a lieu de recourir à la clémence « royale. »

Comme pouvoir exécutif, l'exécution des arrêts de justice criminelle doit être confiée aux soins du gouverneur; mais il serait humain et juste que cette exécution, indépendamment de toute décision, fût subordonnée au droit de tout condamné, esclave ou libre, de se pourvoir en cassation dans le délai fixé. Cette condition doit être formellement insérée dans la loi, car il y a des exemples où le gouverneur et le procureur-général, s'établissant juges du mérite du pourvoi, ont fait procéder à l'exécution d'arrêts criminels, qui ensuite ont été cassés et annullés (1).

Dans ce rapide examen des pouvoirs dont sont revêtus les gouverneurs des colonies, j'ai négligé beaucoup de détails, pour ne m'attacher qu'aux attributions principales, mais celles-ci m'ont si souvent paru exorbitantes, que je me serais cru répréhensible de me contenter de demander à la commission une simple restriction de cette autorité. Je pense être resté cependant au dessous de ce que mon cœur desire, mais j'ai dû distinguer entre l'état politique de la France et celui de ses possessions d'outre-mer où le système représentatif, et le principe de la souveraineté du peuple ne sauraient être agités avec sécurité alors qu'en France ils sont exercés dans leur toute puis-

(1) On a de plus l'exemple d'individus jouissant de fait de la liberté, lesquels ont été privés du recours en cassation, comme étant esclaves, de sorte que la justice criminelle jugeait en dernier ressort une question d'état.

sance ; c'est donc au gouvernement né de cette puissance, qu'est réservé l'honneur d'en semer le germe aux colonies, afin qu'avec le temps elles puissent jouir du même bienfait. Il importe enfin pour première preuve de cette volonté, de restreindre les droits du délégué du pouvoir absolu, en lui en imposant de nouveaux, qui lui rappellent qu'il n'est que le représentant d'un roi-citoyen. Cette même pensée *peut et doit* s'étendre jusqu'aux trois chefs d'administration placés sous ses ordres, et dont je n'ai pas cru devoir m'occuper, tant parce que leurs attributions sont nécessaires à la marche des affaires, que parce qu'il m'aurait fallu descendre à des considérations personnelles ; inconvénient que j'ai voulu éviter dans un examen de principes. Il ne faut d'ailleurs pas perdre de vue, que le gouvernement est responsable de la conduite de ses agens.

CONSEIL PRIVÉ.

Par l'ordonnance du 9 février 1827, le conseil privé est composé :

1° Du gouverneur ;

2° Du commandant militaire ;

3° De l'ordonnateur ;

4° Du directeur de l'intérieur ;

5° Du procureur-général;

6° De trois conseillers coloniaux choisis parmi les privilégiés, âgés de trente ans révolus et domiciliés depuis cinq ans, et dont la durée des fonctions est de deux années.

Le contrôleur y a voix délibérative.

Un secrétaire archiviste tient la plume.

Le conseil privé est institué non seulement pour participer aux actes et décisions du gouverneur, mais une ordonnance du 31 août 1828 lui attribue encore le pouvoir de statuer sur les matières de contentieux administratif et sur l'appel des jugemens rendus par les tribunaux de première instance, concernant le commerce étranger et le régime des douanes.

Deux parties sont très distinctes dans ces attributions ; à l'égard de la première, je pense qu'en donnant plus d'extension aux attributions du conseil général, on pourrait supprimer le conseil privé.

Pour la seconde partie, la plus importante et qui est réglée par l'ordonnance sus citée, je pense que ni le conseil privé ni le conseil général ne devraient en connaître ; il y aurait conflit d'attribution, et aux tribunaux seuls appartient le droit de prononcer en matière judiciaire.

En résumé, l'autorité du premier chef de la colonie doit être dégagée de ce contre-poids, parce que l'intervention de ce conseil ôte au gouverneur les moyens de satisfaire aux besoins de toutes les classes.

On a si bien senti cet inconvénient au ministère, que M. Sébastiani a fait rendre une ordonnance royale le 31 août 1830, portant que « les « gouverneurs de la Martinique et de la Guade- « loupe pourraient se dispenser de consulter le « conseil privé dans les cas où ce conseil n'est « entendu qu'à titre consultatif ; et que, dans « ceux où le gouverneur ne statuerait que selon « la décision de ce conseil privé, il pourra ne pas « s'arrêter à l'avis de ce conseil. » D'après la même ordonnance, les pouvoirs extraordinaires, conférés au gouverneur par les art. 71, 75, 76, 78 et 79 de l'ordonnance organique, peuvent être exercés par lui sans qu'il soit tenu de se conformer à l'avis du conseil privé ; et, dans les cas de cette nature, il n'y a plus lieu à l'adjonction au conseil de deux magistrats de la cour royale.

C'était en effet l'unique moyen d'introduire aux colonies les améliorations qui y ont été faites depuis la révolution de juillet. M. Sébastiani avait parfaitement compris l'esprit des colons : avec le concours des conseillers coloniaux le bien eût été impossible.

L'inutilité, je pourrais presque dire le danger de l'intervention du conseil privé dans l'exercice des pouvoirs du gouverneur, peut encore être démontrée par un exemple. Le gouverneur, qui est le représentant du Roi, ne pourrait accorder ni délivrer des titres de liberté aux esclaves sans le consentement du conseil. M. le ministre Sébastiani a dû, pour ne pas rencontrer d'obstacles dans de semblables circonstances, affranchir le gouverneur de cette obligation et le laisser seul juge de la conduite qu'il avait à tenir en ce cas. Le gouverneur de la Martinique en a profité, et un grand nombre d'affranchissemens a été accordé au commencement de cette année; ce qui n'aurait pas eu lieu s'il eût fallu prendre l'avis du conseil, dont une grande partie des membres se trouve intéressée au maintien de l'esclavage.

CONSEIL GÉNÉRAL.

« Un conseil général est établi dans chacune de « nos colonies; il se compose actuellement de « douze membres et d'autant de suppléans nom- « més par le roi sur une liste double de candidats « présentés par les conseils municipaux. Les con- « ditions de candidature sont : 1° d'être âgé de « trente ans révolus, 2° d'être né dans la colonie « ou d'y être domicilié depuis cinq ans, 3° d'être « propriétaire de terre et de recenser *quarante* « *esclaves* ou de payer 300 fr. d'impôts, de con-

« tributions directes, non compris l'impôt muni-
« cipal ou de payer patente de négociant de 1re
« ou de 2e classe. »

Au premier aperçu, ces dispositions paraissent très libérales en ce qu'elles offrent à toutes les classes la perspective d'arriver à des fonctions publiques, mais il s'en faut de beaucoup qu'elles réalisent ce qu'elles présentent. Les colons qui veulent tout agglomérer dans leur cercle individuel ne permettent pas aux hommes de couleur de payer une patente de 1re et 2e classe ; et même quand ils réunissent toutes les autres conditions, ils ne peuvent jamais devenir candidats ; cette précaution restrictive est positive et du reste trop conforme aux préjugés des colons pour être un instant révoquée en doute.

Néanmoins, ce mode de présentation pour les candidats colons est suivi à Bourbon ; mais il ne l'est pas à la Martinique ni à la Guadeloupe, où il n'y a pas de conseils municipaux. Ce sont les officiers de milice qui nomment les candidats, et il est superflu de rappeler que les hommes de couleur sont exclus des grades d'officiers. A Cayenne, c'est une autre espèce de dérogation ; les officiers de milice y sont en si petit nombre qu'on n'a pu leur confier la présentation des candidats, laquelle est faite, pour cette colonie, par le conseil privé lui-même ; aussi les candidats sont présentés et nommés par l'autorité supérieure.

A l'égard des deux autres conditions de candidature, sont-elles raisonnables et en accord surtout pour l'âge, sous un climat qui favorise l'homme de si bonne heure, avec les lois de la France? Est-il humain, moral et religieux de compter l'esclave comme matière immobilière? Est-il légal enfin de ne pas compter l'impôt municipal, qui, réglé chaque année, devient contribution directe, pour complément du cens ?

Une réponse négative doit être faite à ces diverses questions : il s'en suit la nécessité de réviser les dispositions de l'art. 190 de l'ordonnance du 9 février 1827, en toutes ses parties, en prenant pour base les lois semblables de France, dans le double but de faire participer aux droits de citoyen les hommes de couleur, et de réduire les conditions de la candidature.

Cette première vérité démontrée, je poursuis mon examen de la législation en vigueur.

Par l'art. 6 de l'ordonnance du 9 février 1827, il est dit : « Le conseil général donne annuellement son avis sur les budgets et sur les comptes « des recettes et des dépenses coloniales et municipales, et fait connaître les besoins et les « voeux de la colonie. »

Comment est-il possible qu'un conseil composé comme on vient de le voir, puisse connaître l'expression générale et en être l'interprète; il y aurait dérision à le soutenir.

Il est donc indispensable de revenir aux vrais principes et de suivre en partie les instructions et le décret de l'assemblée nationale relatifs aux colonies, et de décider que :

Les membres du conseil seront nommés par les communes. Toute personne libre âgée de vingt-cinq ans révolus, propriétaire d'immeubles ou domicilié dans la commune depuis deux ans et payant une contribution, fera partie du collége ou corps électoral chargé d'élire les membres du conseil général.

Ce conseil général sera composé de 37 membres pour la Martinique, savoir : un membre par commune, 4 pour la ville du Fort-Royal et 6 pour celle de St-Pierre.

Il sera de 41 membres pour la colonie de la Guadeloupe et ses dépendances, savoir : un membre par commune, 4 pour la ville de la Basse-Terre, 6 pour la ville de la Pointe-à-Pitre. Les petites îles dites Marie-Galante, les Saintes, la Désirade et la partie française de St-Martin, nommeront chacune un membre au conseil général.

Les conditions d'éligibilité seront les mêmes que celles qui seront nécessaires pour être électeur.

Les membres seront élus au scrutin par les assemblées des communes à la majorité absolue des voix ; ils seront nommés pour trois ans et pourront être réélus. Leurs fonctions seront gratuites.

Le conseil sera purement délibérant et n'aura aucune fonction exécutive. Il réglera le budget des recettes et des dépenses à la charge de la colonie ; l'état des dépenses à faire dans la colonie pour le compte de la métropole ; préparera le projet d'ordonnance relatif aux impositions ; donnera son avis sur les travaux à exécuter annuellement dans la colonie et les mesures à prendre pour favoriser le commerce et l'agriculture. Le tout devra être sanctionné par le gouverneur qui seul a le droit d'en ordonner l'exécution.

DES DÉPUTÉS OU DÉLÉGUÉS DES COLONIES.

Le conseil général, composé ainsi que je l'ai rappelé, de douze membres privilégiés, doit présenter les candidats, parmi lesquels le ministre de la marine choisit le mandataire qui fixe sa résidence à Paris, à l'effet de donner des explications sur les objets délibérés par le conseil général, et d'en suivre l'effet auprès du ministre. Ce mandataire doit aussi faire valoir auprès du gouvernement de la métropole, les réclamations particulières que les colons peuvent, chacun en son particulier, avoir à former.

Les candidats sont répartis pour chaque colonie ainsi qu'il suit : trois pour l'île Bourbon, et six pour chacune des îles la Martinique et la Guadeloupe; mais ce qu'on aura peine à croire et à expliquer, c'est la différence que les ordonnances organiques apportent dans les conditions de candidature à des fonctions semblables en tout. En effet, les candidats pour Bourbon doivent, en vertu de l'ordonnance organique du 21 août 1825, être nés dans la colonie, ou y avoir contracté mariage, ou y posséder des propriétés foncières, et surtout avoir résidé pendant cinq ans dans la colonie.

Suivant l'ordonnance organique du 9 février 1827, les candidats pour la Martinique et la Guadeloupe sont affranchis de toutes conditions.

Dans l'un et l'autre cas, cependant, la durée des fonctions est la même, c'est-à-dire que chacun d'eux est nommé pour cinq ans, et qu'il peut être réélu.

D'où peut provenir cette différence entre les conditions de capacités? Cette différence existe-t-elle légalement?

L'ordonnance pour Bourbon est du 21 août 1825; elle a précédé celles relatives aux autres îles, et a fixé les conditions que chaque candidat devait réunir en sa personne. Les ordonnances postérieures des 2 janvier et 15 mars 1826 ayant fait application à la Martinique et à la Guadeloupe de celle du 21 août 1825, ont dû imposer aux candidats de ces deux colonies les mêmes obligations. Est arrivée enfin l'ordonnance du 9 février 1827, définitive pour la Guadeloupe et la Martinique, qui, s'occupant de la durée et de l'attribution des fonctions du mandataire choisi par le ministre, est muette sur les conditions à la candidature, et ne rapporte en aucune manière explicite ou tacite la disposition spéciale des ordonnances de 1826, qui appliquent à ces deux îles les conditions déterminées dans l'ordonnance pour Bourbon. En droit, ce qui n'est pas formellement abrogé par une disposition subséquente, ne cesse pas d'avoir sa force, et dès-lors les candidats de la Martinique et la Guadeloupe doivent réunir l'une des conditions spécifiées pour Bourbon. En est-il ainsi pour la Martinique? Niera-t-on le principe que je viens d'invoquer, et prétendra-t-on que ce que l'ordonnance ne défend pas est permis? Alors je répondrai qu'il y a vice par la raison qu'il y a doute et motif à controverse; or, rien n'est plus contraire au respect dû à un fonctionnaire quelconque que le doute qu'on peut, avec une apparence de vérité, élever sur son caractère. Il y a donc nécessité pour le gouvernement de dire positivement s'il entend appliquer aux trois colonies les conditions de capacité comprises dans l'ordon-

BIBLIOTHEQUE

nance du 21 août 1825, ou s'il entend avoir pour les colonies deux poids et deux mesures.

M. Sébastiani, étant ministre de la marine, a paru comprendre ce vice d'organisation, puisqu'il a supprimé les députés coloniaux et le mode de leur nomination, en ce sens qu'elle était laissée à son libre arbitre, et qu'il a décidé que cette nomination serait faite par les colonies elles-mêmes. Mais ce ministre, tout en rentrant dans les principes du gouvernement représentatif, n'a peut-être pas assez réfléchi sur l'origine constitutionnelle du conseil général des colonies, auquel il a laissé le choix du délégué colonial. En effet, si ce conseil était l'expression de la volonté générale, si chacun de ses membres avait été élu à la majorité des suffrages des hommes libres, je conçois que le délégué d'un tel conseil puisse être à Paris l'interprète sincère des besoins généraux; mais ce conseil, élu et sorti d'une coterie, est loin d'avoir un si auguste caractère, et M. le ministre Sébastiani n'a fait qu'effleurer la question; mais il a rendu cet important service, qu'en commençant à attaquer le système colonial, il a démontré la nécessité de le modifier entièrement par de bonnes lois.

Cependant le ministre a un moyen de connaître les voeux et les besoins de la majorité coloniale dans l'état actuel des choses, c'est d'entendre le délégué de la minorité, ou l'élu du conseil général, et d'entendre en même temps le délégué de la majorité, c'est-à-dire celui ou ceux que les hommes de couleur, traités en *Parias* par les colons, ont investis de leur confiance pour faire parvenir la vérité jusqu'au gouvernement métropolitain.

Sans trop étendre le principe de la souveraineté populaire, et en faire ici un argument irrésistible, je demanderai si le caractère de délégué des hommes de couleur libres n'est pas pour le ministère aussi recommandable que celui de délégué des colons, alors surtout, qu'aux termes mêmes des ordonnances que j'ai déjà citées, il est possible de mettre en question la légalité de la nomination de l'un d'entre eux? Puique les députés actuels des colonies, à Paris, n'ont pas de véritable mandat par élection, ne devrait-on pas reconnaître au même titre, au moins provisoirement, les représentans à Paris des hommes de couleur aux Antilles? Ils sont porteurs d'un mandat couvert de nombreuses signatures, et rédigé conformément à l'art. 1984 du Code civil; ce mandat est obligatoire jusqu'à ce qu'il soit révoqué. Si l'on ne peut nier aux hommes de couleur le droit de pétition, de remontrances ou de doléances, on ne saurait sans injustice refuser à leurs délégués, représentans ou mandataires, la faculté de parler en faveur de cette nombreuse partie de la population libre des Antilles, qui n'a auprès du gouvernement métropolitain aucun député naturel ni librement élu par elle. Lorsque plus tard la législation à intervenir aura, d'une manière fixe et libérale, appelé à l'élection des délégués, la véritable majorité de la population des Antilles, blanche et de couleur, alors cesseront de droit les fonctions des *délégués provisoires* des colons, et des *délégués provisoires* des hommes de couleur, tous en résidence à Paris; jusques là il est juste de reconnaître la légalité de leur mandat auprès du ministre de la marine et des colonies.

Ce serait peut-être là le cas de dire un mot sur les députés des colonies au sein de la législature. L'assemblée nationale, en décidant que les colonies faisaient partie intégrante du territoire français, appelait au milieu d'elle des députés coloniaux; la Charte de 1830, en voulant que les colonies fussent régies par des lois particulières, les a-t-elle par cela seul rejetées en dehors du droit commun, et dès-lors leur a-t-elle enlevé le droit de se faire représenter politiquement? Dans un corps qui, comme la chambre des députés, vote des lois, d'où dépendent leur bonheur présent et tout leur avenir, cette exclusion n'est-elle pas en opposition avec les principes de l'ancienne monarchie, comme avec le droit public de la révolution? Un temps viendra sans doute où mon pays cessera d'être traité comme un mineur de famille! Jusques là le gouvernement doit le doter d'institutions sages qui, préparant son éducation politique, le mettent à même de jouir des bienfaits du régime métropolitain, lorsque la nature ou la force des choses en réclamera impérativement l'introduction aux Antilles françaises.

CONSEIL MUNICIPAL.

Cette institution si sage et si paternelle n'existe pas aux colonies, du moins à la Martinique, à la Guadeloupe et à Cayenne; elle existe à Bourbon d'une manière très imparfaite. Il serait prudent et facile de la fonder en prenant pour base les principes qui ont présidé à la rédaction de notre loi nouvelle de France.

DE L'ORDRE JUDICIAIRE.

COUR ROYALE.

S'il est une institution coloniale où se signale avec luxe l'abus de faire résider le pouvoir en des mains privilégiées, c'est certainement l'institution de la cour royale, dont les membres, chargés de rendre la justice et de faire exécuter les lois, sont les premiers à se montrer partiaux, vindicatifs, haineux, et à violer jusqu'aux conditions imposées à l'exercice de leurs fonctions.

« Chaque cour est composée de neuf conseil-

« lers et de trois conseillers-auditeurs ; un procu-
« reur-général ; un avocat-général ; un substitut
« du procureur-général ; un greffier et un commis-
« greffier assermentés. »

A la Martinique, tous ces magistrats et quasi-magistrats, le procureur-général excepté, sont créoles, et dès-lors juges et parties dans la plupart des causes qu'ils ont à juger ; la fortune et l'état, la vie, l'honneur des hommes de couleur sont laissés à leurs passions. Sous ce rapport Bourbon et la Guadeloupe sont bien mieux partagées ; leurs cours sont composées mi-partie de magistrats colons et mi-partie européens.

« Nul ne peut être procureur-général ou avocat
« général, s'il est né dans la colonie, s'il y a con-
« tracté mariage avec une créole de l'île, ou s'il y
« possède des propriétés foncières, soit de son
« chef, soit de celui de sa femme. »

Cette exclusion est offensante il est vrai, mais elle est nécessaire. Des considérations de la plus haute importance ont décidé le ministère de M. Hyde de Neuville, en 1828, à établir cette incompatibilité.

« Les arrêts de la chambre d'accusation ne
« peuvent être attaqués par voie de cassation que
« dans l'intérêt de la loi seulement. »

Si en France on a enlevé à l'accusé ces deux degrés de juridiction, ce n'est que dans les affaires de délits de la presse, mais on a eu soin de les conserver dans tous les autres cas, comme une double garantie contre les erreurs, les fautes des parquets ou d'une première procédure. Pourquoi n'accorderait-on pas à la population des colonies ces mêmes garanties, puisque la magistrature est là, beaucoup plus qu'ici, exposée à l'effet des passions?

Je proposerai, pour tenir lieu de pourvoi en cassation des arrêts de la chambre des mises en accusation, un jury d'accusation, composé de membres pris indistinctement et au hasard parmi tout citoyen payant une contribution. Ce mode est simple, et il réunirait dans son application les droits de la justice avec ceux de l'humanité qui, en s'effrayant des délais d'un pourvoi à Paris, réclame néanmoins impérieusement un degré de plus de juridiction en faveur de l'accusé.

« Le procureur-général et son substitut, les « membres de la cour composant la chambre d'ac« cusation, le greffier de la cour, sont tenus de « résider dans le lieu où siége la cour. »

Ces dispositions sages et personnelles aux magistrats n'ont jamais été exécutées à la Martinique par les membres composant la chambre d'accusation ; cette violation manifeste de la loi entraîne des délais toujours préjudiciables aux parties, surtout lorsqu'il y a perte préalable de la liberté, et que la cour est en vacance, puisque dans ce cas une seule chambre est chargée des matières civiles.

« La chambre d'accusation connaît, comme « chambre civile, pendant l'intervalle des sessions « de la cour. Elle doit statuer sur les matières « criminelles, correctionnelles et de police, et « prononcer le renvoi devant les juges compétens, « ou déclarer qu'il n'y a lieu à suivre. Dans l'un et « l'autre cas, elle ordonne, s'il y a lieu, la mise « en liberté des inculpés. »

Il n'y a pas d'exemple à la Martinique, que le président ait, pendant ces vacances, répondu à aucun des réquisitoires du procureur-général, lorsque toutefois celui-ci a jugé convenable d'en faire; cette négligence n'aurait pas lieu si ces magistrats résidaient dans la ville, conformément à l'article 127 de l'ordonnance du 28 septembre 1828 (1).

(1) Le ministre de la marine d'Argout, avait manifesté son intention d'obliger les magistrats coloniaux à résidence; ceux-ci, à la nouvelle de cette prochaine ordonnance, menacèrent de résigner leurs fonctions plutôt que de cesser d'habiter leurs riches et commodes habitations loin de la ville. Cette résolution de leur part laissait au gouvernement la faculté de remplacer ces fonctionnaires par des européens sans être accusé de destitution. Je ne dirai pas ici la cause secrète et personnelle qui a empêché jusqu'à présent le successeur de ce ministre de publier l'ordonnance rédigée; mais je pense que la commission usera de son influence pour vaincre cette résistance.

Les annales de cette cour devraient être écrites par la main du bourreau, tant elles offrent d'arrêts cruels en matières criminelles contre les hommes de couleur et les esclaves. Son existence est intolérable, et contribue pour beaucoup à entretenir dans les esprits des fermens de haîne contraires au maintien du bon ordre; car il est peu de famille qui n'ait conservé des souvenirs amers de la partialité de ses magistrats. En régénérant les institutions des Antilles, il faudrait couper le mal dans sa racine, et révoquer indistinctement tous les membres créoles de la cour royale, qui heureusement sont amovibles. Ces magistrats créoles devraient être remplacés par des européens, et pas un habitant de la colonie, blanc ou de couleur, ne devrait, avant au moins dix ans, être appelé à siéger; par ce moyen disparaîtrait tout esprit de parti, et la magistrature en recevrait plus d'éclat (1).

Je le répète avec une force de conviction que chacun reconnaîtra malheureusement trop fondée en moi, il n'y a pas d'institution dans nos colonies qui exige une plus prompte réforme; je la demande entière pour être juste et impartial, pour

(1) J'appuierai mon opinion de celle de deux fonctionnaires, l'une de M. *Caverot*, juge royal au tribunal de St.-Pierre. En 1817, étant simple avocat au barreau de la colonie, il s'exprimait ainsi sur sa qualité de membre d'une commission consultative, pour l'organisation des tribunaux:

prouver que le bien général, plus que des sentimens personnels, que toutefois l'on ne pourrait blâmer en moi, m'anime en cette circonstance.

TRIBUNAUX DE PREMIÈRE INSTANCE.

« Chaque tribunal de première instance est composé d'un juge royal, d'un lieutenant-juge, et de deux auditeurs; d'un procureur du roi, d'un substitut, d'un greffier et d'un commis assermenté.

« Le juge royal *seul* rend la justice dans les matières qui sont de la compétence du tribunal de première instance.

« Le lieutenant-juge remplit les fonctions attribuées au juge d'instruction.

« Où serait l'indépendance de la magistrature si on réservait « à quelques familles de la colonie l'exclusive prérogative « des places de juge à la cour royale? Six familles au plus dans « la colonie seraient donc réservées à la possession de ces « places, et au droit de prononcer sur le sort du reste de la « population et des intérêts les plus importans ? Il y aurait « exclusion pour le reste des colons, exclusion pour les Eu- « ropéens instruits qui pourraient aspirer à ces places. » M. Caverot est parvenu à son but; il est magistrat, et c'est aujourd'hui un des plus zélés champions de l'aristocratie coloniale.

L'autre, d'un membre de la même commission, M. Villette, qui ajoutait: « Si ce privilége était admis, le droit de « rendre la justice serait héréditaire et se changerait en pa- « trimoine, en une propriété qui servirait d'apanage à quel- « ques familles. Comme elles se tiennent toutes, dans la co- « lonie, par les liens du sang, les alliances et les mêmes inté- « rêts, comment établir cette indépendance qui est l'objet « de la sollicitude et de la volonté du Roi? »

« Les juges-auditeurs assistent aux audiences; dans tous les cas ils n'ont que voix consultative. »

A la première lecture de la composition de cette institution, il semblerait que ce serait pousser trop loin l'esprit de modification, que d'en demander une organisation nouvelle, mais il ne faut pas perdre de vue que toutes les décisions des affaires attribuées aux tribunaux ordinaires sont rendues aux colonies par un seul juge sans adjonction de voix. Cette unité n'offre pas assez de garanties aux justiciables et s'éloigne beaucoup trop des institutions semblables en France, pour que la commission ne modifie pas ce mode de rendre la justice.

TRIBUNAUX DE PAIX.

On ne trouve rien à dire sur cette institution calquée sur celle qui existe en France. Le gouvernement pourrait sans doute apporter dans ses choix, pour remplir ces fonctions, plus de soin et n'investir de sa confiance que des hommes capables de la justifier et d'obtenir aux colonies une estime et une considération indispensables à cette magistrature. J'en dirai autant sur le choix des officiers de l'état civil, non que je prétende vouloir jeter un blâme général sur ces fonctionnaires.

COURS D'ASSISES.

Rappeler que les cours d'assises sont composées des conseillers de la cour royale, ne serait qu'exprimer encore imparfaitement l'idée qu'on peut se former de cette institution. En effet la cour royale ne prononce que sur des questions civiles et correctionnelles, alors que la cour d'assises dispose de la liberté, de l'honneur, de la vie même des citoyens : et si dans le premier cas il est permis de croire encore à des sentimens de justice de la part de magistrats, il n'est guère permis de l'attendre des juges, parce que dans l'organisation de l'homme les passions l'emportent généralement sur la probité : et tel magistrat qui reculera devant la pensée de s'enrichir aux dépens de son ennemi, se familiarisera à l'idée de l'humilier, de le châtier. C'est donc avec cette différence trop vraie qu'il faut apprécier l'institution actuelle des cours d'assises aux colonies.

« Les cours d'assises se composent de trois conseillers de la cour royale, et de quatre membres du collége des assesseurs. Elles tiennent une session par trimestre. Les membres de la cour royale et les assesseurs prononcent en commun, sur la position des questions sur toutes les questions posées, et sur l'application de la peine. »

C'est donc à sept individus appartenant à la

classe blanche, si privilégiée, si imbue de préjugés de caste, que les hommes de couleur doivent s'en remettre de la conservation de ce que le citoyen a de plus sacré sur la terre.

Je dois ajouter que, bien que la voie si longue et si tristement consolante du recours en cassation soit ouverte aux hommes libres, cette ancre de salut est ravie à l'esclave. Je croirais révoquer en doute les sentimens des membres de la commission en insistant plus long-temps sur la nécessité de modifier toute cette judicature.

COLLÉGE DES ASSESSEURS.

On appelle collége des assesseurs aux colonies ce qu'on nomme en France jury. Mais cette institution coloniale qui tient à la fois du jury et de la cour prévôtale, ainsi qu'on va le voir, n'offre aucune des garanties de l'une, ni la rapidité d'exécution de l'autre.

« Devront être membres du collége, à l'exclu-« sion des hommes de couleur libres, tout blanc « âgé au moins de 30 ans, les éligibles au conseil « général, les membres des ordres royaux.

« Les membres du collége actuel sont nommés « pour 3 ans ; ils peuvent être renommés. Le gou-« verneur arrête en conseil la liste générale de « ceux qui réunissent les conditions exigées, avec « indication de leurs noms, prénoms, âge, quali-

« tés, professions et demeures. Il adresse cette « liste au ministre de la marine avec ses observa-« vations et celle du conseil privé. Le ministre « nomme les assesseurs et fait la répartition entre « les deux sections.

« Le collége des assesseurs se compose de 60 « membres dans chacune des colonies; il est di-« visé en deux sections égales qui font le service « des assises; ce qui fait pour chacune d'elles 30 « assesseurs nommés pour trois ans. »

En comptant ceux qui ne peuvent exercer, pour absence, maladie ou empêchement quelconque, il faut réduire ce nombre à 20 par assise; presque moitié de celui des citoyens appelés en France à faire partie du jury pour une seule session de quinze jours. Encore il faut remarquer qu'aux colonies, sur ces 20 assesseurs, on en tire 4 au sort pour former le jury appelé à prononcer. La décision se forme de la majorité des voix de ce jury réunies à celles de la cour, composée elle-même de trois juges. De telle sorte qu'en supposant unanimité de la cour et du jury, l'arrêt est rendu à un nombre de voix inférieur à celui exigé du jury seul en France, et l'ame se glace à la pensée qu'une simple majorité de quatre voix suffit aux colonies pour faire tomber une tête. Ce vice ne peut subsister plus long-temps, et sans doute on sentira la nécessité d'adopter les principes de la nouvelle loi de France, sur cette matière si importante.

MINISTÈRE PUBLIC.

Les fonctions du ministère public sont confiées à un procureur général.

Pour assurer le règne de la justice aux colonies on a voulu que ce magistrat fût européen; mais il est à remarquer que tous les hommes indépendans qui y ont été envoyés en cette qualité, n'ont pu lutter contre l'aristocratie coloniale. Ceux qui n'ont pas cédé à l'influence des colons ont été destitués par le ministère de la marine, ou envoyés en exil à Bourbon (1).

---

(1) Sous le ministère Chabrol, M. Girard, procureur général à la Martinique, n'avait pu cacher le mépris que lui inspirait la conduite du sieur Deslandes, procureur du roi : il fut rappelé en France sur la demande des colons dont il ne partageait pas les préjugés, et envoyé à Bourbon où il vient de mourir. Cette mutation est aussi la disgrace que réservait M. d'Haussez à M. d'Imbert de Bourdillon, qui a laissé de si honorables souvenirs à la Martinique. Pourtant toute justice n'a pas été rendue à ce magistrat. Rappelé en France par suite de la dénonciation des colons, il y arriva peu de jours après nos glorieuses journées de juillet. Pour le relever de la défaveur que lui avait préparée M. d'Haussez, M. Sébastiani, alors ministre de la marine, le nomma procureur général à la Guadeloupe. Depuis, M. le comte d'Argout l'a appelé à faire partie de la commission de législation chargée à la marine de préparer les projets de lois pour nos colonies. Le travail facile de ce magistrat, et surtout ses connaissances spéciales des colonies qu'il a habitées huit années, ont été très appréciées par la commission. Avant de partir pour exercer à Bordeaux

Tant que les colonies auront des magistrats européens en minorité dans les cours et tribunaux, on ne parviendra pas à y implanter le régime de nos lois sages et humaines. Je m'en réfère pour les observations que j'avais à faire à cet égard, à ce que j'ai dit sur l'ordre judiciaire colonial en général; c'est là que gît la difficulté; et non pour la composition des parquets qui ne devient plus qu'une affaire de personnes.

COUR PRÉVOTALE.

Enfantement du despotisme, à supprimer sans en laisser vestige. Le souvenir des arrêts injustes et sanguinaires, rendus à différentes époques par la cour prévôtale de la Martinique (1), suffirait seul pour en faire prononcer l'abolition, si d'ailleurs la charte de 1830 ne la prononçait positivement à son article 54. « *Il ne pourra être* « *créé de commissions et tribunaux extraordi-*

---

les fonctions de conseiller à la cour royale de ce ressort, qui viennent de lui être confiées, ce magistrat a pu encore se venger des colons en leur étant utile par ses connaissances législatives et coloniales.

(1) Voyez *Memoire des hommes de couleur*, 4e partie, affaires Marie-Louise Lambert, 20 août 1823. Marie-Joseph, dite *Zo*, 27 novembre 1822. Raymond, 2 décembre 1823, et tant d'autres arrêts iniques. Ces deux dernières victimes, les seules qui aient survécu à tant d'infortunes, ont été graciées par le roi des Français.

« *naires, à quelque titre et sous quelque déno-*
« *mination que ce puisse être.* »

FORCE PUBLIQUE.

GARDE NATIONALE.

Mon intention, en parlant de la force publique, n'est pas de m'occuper de l'armée de terre et de mer que leurs lois suivent en tous lieux ; cependant je parlerai de la garde nationale, force publique locale, mais régie jusqu'à présent par des réglemens spéciaux, et connue sous le nom de milice. Cette institution militaire est toutefois loin de répondre aux voeux du pays, et, je le dirai l'histoire coloniale à la main, d'offrir au gouvernement métropolitain, des gages de sûreté et de fidélité. En effet, la *milice* se ressent dans son mode d'organisation et ses réglemens disciplinaires, de cet esprit féodal et aristocratique qui est loin d'avoir perdu de sa force dans les possessions françaises d'outre-mer. La *milice* se compose de deux classes distinctes dans leurs prérogatives, et différentes dans leurs droits : les blancs, et les hommes de couleur libres. Ceux-ci sont exclus des grades d'officiers, et soumis, pour les peines disciplinaires, au bon plaisir des conseils composés seulement de colons. Les officiers sont nommés par le gouverneur sur la présentation du commandant de bataillon. Or, les colons ne forment que la minorité des hommes libres, et, moins attachés que les hommes de couleur au sol et à la mère patrie, on les voit, dans les temps de danger, manquer de courage pour défendre les colonies (1), de résolution, et de vertu patriotique, pour risquer le sort des combats. Nourris dans le préjugé qu'ils sont les maîtres du sol et de la population des colonies, ils croient ne faire qu'un acte de conservation de leur fortune, en changeant de souverains, et en livrant le territoire aux ennemis de la France, à la seule condition de garder leurs droits et leurs pouvoirs. En possession de toute l'autorité, de tous les emplois, les colons ne voudront jamais se placer entre le mécontentement des hommes libres de droit, mais parqués de fait, et le feu des agresseurs étrangers. Si, au contraire, le gouvernement métropolitain en venait de suite à une agglomération que réclament de si hauts intérêts, et qu'amènera tôt ou tard la force des choses, la France n'aura plus à trembler pour le sort des colonies en cas de guerre maritime, parce que les hommes de couleur formant les deux tiers de la population libre, et pouvant balancer dans les conseils l'influence des blancs, sauront toujours défendre

---

(1) Voyez les *Annales de la Martinique*. t. 2, pag 136. *Histoire des Antilles françaisee*, par le colonel Boyer de Peyreleau, T. 3, page 406.

un pays qui est pour eux la seule patrie, et ne le vendront jamais à l'étranger.

La milice et ses réglemens actuels doivent être supprimés; une loi nouvelle, une organisation régénératrice due au gouvernement de la France de 1830, rendra à cette partie de la force publique le caractère qui lui est propre. Cette loi reposerait sur les bases suivantes, prises en partie dans la loi de la garde nationale de 1831.

Tous les hommes libres et patronés de l'âge de 16 à 50 ans, seront aptes à faire partie de la garde nationale coloniale armée pour le maintien de l'ordre intérieur, et la défense de la colonie.

Nul ne sera électeur dans les assemblées municipales, communales etc., s'il ne s'est fait inscrire sur le registre de la garde nationale.

La garde nationale sera organisée par arrondissement, telles que les établissent les circonscriptions actuelles.

La garde nationale de chaque arrondissement formera une légion.

Chaque légion élira ses officiers, sous-officiers et caporaux, pris indistinctement dans les classes blanche et de couleur.

Les officiers, sous-officiers et caporaux, seront nommés pour trois ans, et pourront-être réélus. Les élections auront lieu par compagnie.

La garde nationale coloniale sera soumise aux lois générales, pour l'exercice de ses actes.

Pour le reste, on se conformerait à la loi de la France.

Dans la session de 1828, séance du 24 juillet M. le général Sébastiani émit à la tribune, la pensée de mobiliser aux colonies quelques corps de milice ou de garde nationale; cette idée pourrait recevoir son exécution en incorporant dans la seule garde mobile ceux des patronés qui, ne pouvant faire partie de la garde sédentaire, trouveraient dans une solde régulière des moyens d'existence et de fortune. Je dis de fortune, car il serait possible que ces corps pussent, à l'avenir, dispenser l'état d'envoyer à grands frais des troupes aux colonies, et alors, les corps qui les remplaceraient jouiraient des mêmes prérogatives d'avancement.

DES ESCLAVES.

Il devient superflu de répéter ici que l'esclavage n'est pas un état naturel, et que dès lors il est humain de le faire cesser; mais comme cet état existe depuis long-temps et qu'il réduit à un état presque d'idiotisme une grande partie de la population des Antilles, il importe d'examiner les vices qui rendent l'esclavage intolérable, et quels sont les moyens de le faire cesser sans nuire à la prospérité des colonies. Divers essais tentés sous différens régimes ont eu pour but d'améliorer le sort des esclaves, ou du moins de les soustraire aux mauvais traitemens des maîtres, mais l'autorité législative oubliait que les ordonnances n'étaient confiées qu'à des mains intéressées à n'en exécuter que ce qui pouvait servir les idées, la cupidité du maître, et à laisser tomber dans l'oubli les dispositions favorables aux noirs. Si je me livrais à la recherche et à la réunion de toutes les garanties données sous Louis XIII et Louis XIV aux esclaves, et de celles qui leur sont assurées en ce moment, il me serait facile de montrer que ce temps du pouvoir absolu leur était plus propice que notre siècle de philantropie. Il ne s'agit donc aujourd'hui que de faire revivre cette partie des ordonnances qui leur est favorable, mais de la rendre obligatoire pour tous, ainsi que les nouvelles garanties qu'il faut leur assurer par une loi, et à en confier la surveillance et l'exécution à des magistrats ou agens dégagés de tout intérêt personnel dans la question. En nous montrant aussi humains que nos prédécesseurs, montrons-nous plus sages, plus clairvoyans, et ne laissons pas l'exécution des lois à ceux dont elles contrarient les idées ou blessent les préjugés.

Parmi les causes qui influent le plus sur la

malheureuse condition des esclaves, il faut mettre en première ligne l'avarice ou la cupidité des propriétaires; elle est telle qu'elle les porte à priver leurs noirs des vêtemens, de la nourriture, de la récréation et des abris de leur habitation nocturne; de là naissent pour l'esclave le dégoût de la vie, l'horreur du travail, l'abrutissement de ses facultés intellectuelles, et enfin ce courage considéré par quelques uns comme un crime, de soustraire sa progéniture, par mort violente, à une existence aussi misérable, qui n'a pour terme qu'une mort sans consolation.

En revenant à ce principe que les noirs sont des *hommes*, il sera facile d'arriver au résultat désiré, puisque l'on n'aura plus qu'à suivre la marche progressive d'une éducation publique. Le gouvernement doit songer sérieusement à diriger le moral de l'esclave vers un avenir meilleur ici-bas, image de la vie future dont lui parle une religion qui doit cesser de le rendre stupide ou fanatique. A cet effet tout esclave pourrait être libre de se racheter en payant sa propre valeur à son maître; cette somme basée sur celle d'acquisition première devrait décroître proportionnellement par chaque année d'esclavage, car si d'un côté le noir s'est formé à un genre d'industrie, d'un autre, il a profité à son maître; et certes, un peu plus d'habileté ne saurait compenser les forces affaiblies par l'âge et le travail. Le gouvernement pourrait fixer ce prix sur des bases données afin de ne rien laisser à l'arbitraire et de ne pas rendre ce bienfait illusoire, en portant trop haut le prix du rachat.

Tout esclave aurait aussi le droit d'actionner son maître en justice; je citerai l'exemple des colonies anglaises où cette législation est mise en vigueur, sans pour cela porter atteinte au respect du subordonné envers son chef.

Le supplice du fouet(1) doit être à jamais aboli comme immoral et barbare.

Une fonction publique à créer aux colonies est celle d'un protecteur ou procureur des es-

---

(1) Ce supplice consiste à attacher la victime nue à terre quelque soit son sexe, les bras tendus et attachés chacun à un piquet planté; les deux jambes sont liées tantôt réunies à un troisième piquet, tantôt ouvertes comme les bras chacune à un piquet. Un exécuteur armé d'un long fouet en frappe à intervalle mesuré la victime de vingt-neuf coups à volée et dont chacun enlève un morceau de chair. A la Guadeloupe, le bourreau est chargé de l'exécution, ce qui est ajouter l'infamie à l'avilissement. A la Martinique, ce supplice est confié aux soins d'un servant de prison dit *commandeur*. Cette peine infligée par le commissaire de police, ou le procureur du roi, a lieu pour la plus légère contravention, par exemple, un manque d'égard ou de respect envers un individu de l'une des classes libres; un retard à la rentrée du soir après la retraite; un seul caprice du maître et sur sa réquisition. Le nombre de coups donnés par l'intervention de l'autorité est limité à un *maximum* de vingt-neuf. Mais lorsque les planteurs, ce qui arrive

claves. Ce fonctionnaire visiterait les établissemens, écouterait les plaintes des esclaves, et s'il les trouvait fondées, il intenterait les poursuites contre qui de droit; l'une de ses premières occupations serait de faire, habitation par habitation, un recensement exact des deux sexes, dans le double but de s'assurer de la véritable cause de leur diminution, ou de la cause de l'augmentation; car, si cette augmentation a lieu par achat aux colonies, les habitations vendresses présentent la différence en moins, et si elle avait lieu par introduction de noirs de traite il y aurait lieu d'appliquer la loi d'affranchissement sur l'excédant.

Il serait bon aussi de supprimer ce qu'on appelle la chaîne de police; il ne peut pas être permis à un maître de faire travailler à cette vraie galère, même momentanément, un esclave dont il est mécontent, avec les malfaiteurs condamnés aux travaux forcés. Ce voisinage tourne presque toujours à la démoralisation de l'esclave, et dans tous les cas il l'avilit sans le corriger. Cette suppression est nécessaire tant pour la Guadeloupe, où les esclaves condamnés à cette chaîne

---

assez souvent, infligent eux-mêmes la punition, par la main de leur chef d'atelier, le nombre est quelquefois porté à plusieurs centaines.

sont appareillés aux forçats, que pour la Martinique, bien que dans cette dernière colonie, il y ait, en exécution d'une ordonnance anglaise, du 30 juin 1809, une chaîne séparée pour les esclaves ainsi condamnés.

La commission doit bien se pénétrer qu'on arrivera imperceptiblement, sans secousse, sans froisser les intérêts du planteur, à l'abolition de l'esclavage. Chaque noir pouvant se racheter, cessant d'être maltraité et de dépendre du caprice d'un maître, s'attache à la vie, à sa famille dont les rejetons ne seront plus voués en naissant à l'esclavage ou à une mort prématurée. La loi devra même, pour ne pas manquer son but, suppléer à l'impossibilité où se trouverait un esclave de se racheter, en déclarant libres à une certaine époque, les enfans qui viendraient à naître : cette nouvelle génération, grandissant, se multipliant elle-même, peuplera les colonies sans qu'il soit besoin de violer les lois répressives de la traite. Je citerai à l'appui de mon opinion l'état de quelques habitations dont les maîtres rigides et sévères entendent assez bien leurs intérêts pour se montrer humains et prévoyans envers leurs nombreux esclaves, et qui depuis nombre d'années n'ont pas acheté un seul noir de traite, parce que les enfans en grandissant ont plus que remplacé les décédés.

Les anciens établissemens des jésuites aux colonies étaient tenus avec la même prévoyance, et ces bons pères qui entendaient bien l'économie et leur bien-être, avaient de grands soins et de l'humanité pour leurs esclaves qui, se trouvant bien, ne songeaient jamais ni à déserter ni à cesser de vivre.

Pendant qu'on s'occupe de la législation de nos colonies, de graves événemens ont eu lieu à la Martinique, et les colons font tous leurs efforts pour démontrer que les droits nouveaux donnés aux hommes de couleur et promis aux noirs, ont produit une fermentation d'orgueil et d'impatience, qui a manqué de compromettre le sort des Antilles françaises. M. le gouverneur Dupotet, qui avait bien jugé les choses, est devenu pour eux un objet de réprobation. Les colons tiennent un langage qui leur est propre, et trop d'accord avec leurs principes, leurs vues, pour qu'il doive étonner; mais pour mettre les esprits en garde contre la perfidie de leur langage, il suffit de rapporter les faits :

Ils ont fait agir, pour vaincre l'esprit du gouverneur, des capitaines du commerce, trop intéressés à satisfaire les exigences des colons pour être sincères dans leurs démarches. A l'arrivée de M. Dupotet à Saint-Pierre, les incendies se manifestaient sur quelques points, un grand nombre d'arrestations ont eu lieu, et ont été précédées de décharges de mousqueterie sur des noirs réunis inoffensivement sur leurs habitations fermées. Une instruction a lieu, et près de 250 détenus sont rendus à la liberté et renvoyés de toutes charges. Un examen plus approfondi démontre que les incendies ont éclaté sur des points choisis, élevés, formant comme amphithéâtre de la ville, vue de la rade, et qu'ils n'ont consumé que quelques pièces de cannes, et cases à bagasses (fagots de cannes desséchées), appartenant aux colons les plus *ultràs* dans leurs préjugés, et dont quelques uns ont acquis une triste célébrité dans l'exercice d'une magistrature temporaire. Si à côté de ces faits on place l'inactivité des noirs, leur impassibilité au milieu d'un désordre qu'ils n'avaient pas fait naître, et le zèle, la coopération franche des hommes de couleur, on est forcé, malgré soi, de faire des réflexions qui reportent les souvenirs à la fausse conspiration de *Colmar*, organisée par un parti qui voulait des victimes plus nombreuses encore que celles que lui a livrées un ministère coupable.

Le gouvernement actuel doit se placer audessus de toutes ces intrigues, et ne s'attacher qu'aux vrais principes qui fondent la richesse et la puissance des états. La question des colonies n'est pas autre que celle des états de l'Europe, qui ne comptent de puissance qu'en raison de la somme de liberté dont ils sont doués; il est grand et avantageux d'abandonner ces théories de la minorité pour opprimer la majorité; déjà l'Angleterre donne l'exemple au monde et marche à grands pas vers l'affranchissement de l'esclavage sur ses nombreuses possessions au-delà des mers; la France ne peut rester en arrière de cette nation, et il lui appartient de doter les colonies d'un code uniforme, en utilisant promptement les vues et les travaux de la commission instituée à cet effet.

BISSETTE,

L'un des fondés de pouvoir des hommes de couleur de la Martinique.

Paris, ce 12 juin 1831.

BIBLIOTHEQUE ROYALE

ERRATA:

Page 14, ligne 6, *au lieu de* 31 août 1831, *lisez* 31 août 1830.

Page 29, ligne 4 de la note, *au lieu de*, il s'exprimait ainsi sur sa qualité, *lisez* il s'exprimait ainsi en sa qualité.

PARIS. — IMPRIMERIE DE AUGUSTE MIE,
Rue Joquelet, n° 9, place de la Bourse.

www.ingramcontent.com/pod-product-compliance
Ingram Content Group UK Ltd.
Pitfield, Milton Keynes, MK11 3LW, UK
UKHW020442230726
13925UKWH00004B/1783